少林武术精粹系列丛书

少林拳（九）

德虔　德炎　编著

北京体育大学出版社

责任编辑：任　侠
责任校对：仝杨杨
版式设计：李　鹤

图书在版编目（CIP）数据

少林拳. 九 / 德虔, 德炎编著. -- 北京 : 北京体育大学出版社, 2022.1

（少林武术精粹系列丛书）

ISBN 978-7-5644-3571-4

Ⅰ. ①少… Ⅱ. ①德… ②德… Ⅲ. ①少林拳 - 套路(武术) Ⅳ. ①G852.15

中国版本图书馆CIP数据核字(2022)第007610号

少林拳（九）

SHAOLINQUAN(JIU)

德虔　德炎　编著

出版发行：北京体育大学出版社
地　　址：北京海淀区农大南路1号院2号楼2层办公B-212
邮　　编：100084
网　　址：http://cbs.bsu.edu.cn
发 行 部：010-62989320
邮 购 部：北京体育大学出版社读者服务部 010-62989432
印　　刷：北京昌联印刷有限公司
开　　本：880mm × 1230mm　　1/32
成品尺寸：148mm × 210mm
印　　张：2
字　　数：39千字
版　　次：2022年1月第1版
印　　次：2022年1月第1次印刷
定　　价：13.80元

前 言

武术作为中国的国粹，是中华民族传统文化的组成部分。家喻户晓的少林武术便是其中极具代表性的门类，是中国武术的重要象征。

我社与少林武术结缘已久，伴随着时光的流逝，有多种内容、多样组合、各种形式的载有少林武术的出版物，源源不断地从我社注入市场，为方兴未艾的少林武术热潮平添了更高的热度。可以说，少林武术图书一直与我社相伴相随，成为我社具有长期出版价值的图书门类。其中，少林武术图书的编纂者——已故的王长青（法号释德虔）先生功不可没。他经年累月锲而不舍，寻于寺院、觅于乡间，挖掘出大量尘封的少林武术资料，继而分门别类梳理、整饬成一册册书稿，并与我社携手努力，打造出独树一帜的武术图书板块，为我社的武术图书出版打开了新局面。

今天，在着力弘扬中华优秀传统文化，树立和增强文化自信的大背景下，我社将以往出版的少林武术书籍重新进行了编排，以全新的面貌推出“少林武术精粹系列丛书”，这是我社多年来少林武术出版情结的延续，是对积累和沉淀的少林武术资源的再一次整合与展示，更紧密契合了时代的要求。

通过这套书，读者可以研习刚柔相济、闪转腾挪的少林功夫，可以感悟其中凝结的中华智慧，可以领略武术文化的博大精深……这便是我社对这套书出版价值的期待。

目　录

少林梅花拳 ……………………………………………………1
少林小梅花拳 …………………………………………………17
少林大梅花拳 …………………………………………………33

少林梅花拳

动作名称

预备势
1.双关铁门
2.盯心镖拳
3.采　脚
4.闪门炮拳
5.金鸡独立
6.取虎眼
7.二郎担山
8.采　脚
9.黑虎跳涧
10.燕子斜飞
11.扫蹚腿
12.二起脚
13.猛虎出洞
14.溅步地趟
15.地溜剪势
16.地踹腿
17.勒马冲拳
18.雷公飞天
19.金鸡独立
20.撩阴脚
21.采　脚
22.黑虎跳涧
23.单峰贯耳
24.五花起脚
25.鹞子翻身
26.二起脚
27.坐山势
收　势

动作图解

预备势

两脚并步站立，身体挺直；两臂自然下垂，两掌附于大腿外侧；目视前方。（图1）

接上势，左脚向左跨半步；两掌由内往外再往上画弧，然后变拳，抱于腰间；目视左侧。（图2）

图 1

图 2

1.双关铁门

以两脚为轴，向左转体90度，抬右腿向前提膝；同时两拳变掌，由下向上向前抢出，掌心向下；目视前方。（图3）

接上势，右脚下落震脚（响亮），与左脚成并步，然后左脚尖点地，成左丁字步，两腿半蹲；同时两掌翻腕，屈肘变拳，左拳高与颌平，右拳略低；目视两拳。（图4）

图 3

图 4

2.盯心镖拳

左脚向前上一步，两腿成左弓步；同时左拳向前冲出，右拳抱于腰间；目视左拳。（图5）

3.采　脚

抬右腿向前向上弹踢；同时右拳变掌，向前向下拍击右脚面（响亮），左拳抱于腰间；目视右掌。（图6）

图 5

图 6

4.闪门炮拳

右脚下落于左脚前一步，向左转体90度，两腿半蹲成马步；同时右掌变拳，向内屈肘，高与肩平，左拳抱于腰间；目视右拳。（图7）

图 7

以两脚为轴，向右转体90度，两腿成右弓步；同时左拳向前冲击，右拳由左向右向上画弧，然后架于头前上方；目视左拳。（图8）

5.金鸡独立

以两脚为轴，向左转体90度，收右脚移于左脚前半步，两腿微蹲成右虚步；同时两拳变掌，左掌向上举臂亮出，右掌向右下方切；目视右侧。（图9）

6.取虎眼

先抬右脚，后抬左脚，向右转身（180度）跳步，两腿半蹲成马步；同时两掌变拳，由两侧向内于胸前屈肘抖拳；目视前方。（图10）

7.二郎担山

两脚不动，马步不变；两拳由内向上再向两侧劈，拳稍高于肩；目视左侧。（图11）

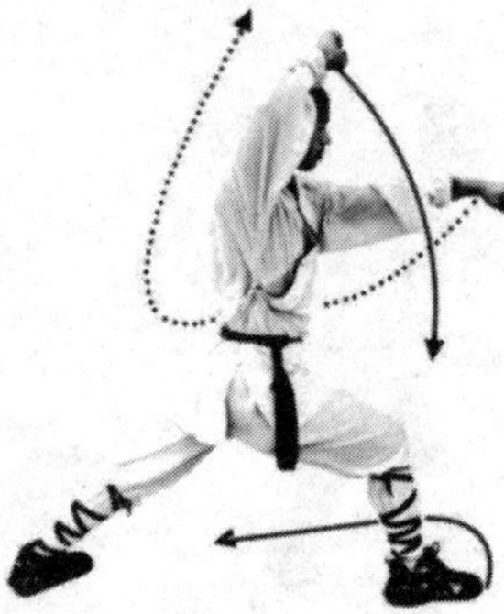

图 8

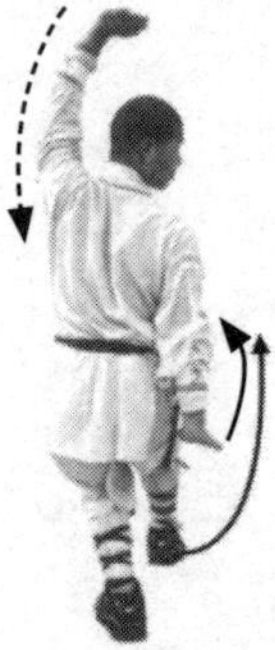

图 9

图 10

图 11

8.采　脚

以两脚为轴，向右转体90度，抬右腿向前向上弹踢；同时右拳变掌，向前向下拍击右脚面（响亮），左拳抱于腰间；目视右掌。（图12）

9.黑虎跳涧

右脚不落地，抬左脚随体右转（45度），向左跳一步，右腿全蹲，左腿仆地伸直，两腿成左仆步；同时左拳变掌，向左侧下压，右臂向内屈肘，护于左肩前；目视左侧。（图13）

图 12

图 13

10.燕子斜飞

起身，两腿变左弓步；同时两掌变拳，左拳由右向左向后，右拳由后向右向前旋腰展臂斜冲，右拳斜向上，左拳斜向下；目视右拳。（图14）

11.扫蹚腿

以两脚为轴，向右转体90度；两拳变掌，按于两腿之间；以左脚为轴，抬右腿向右往后溜地扫180度。（图15）

12.二起脚

两脚站稳后，先抬左脚后抬右脚，向前向上弹跳；当全身腾空

时，出右掌向前向下拍击右脚面（响亮），左掌变拳抱于腰间；目视右掌。（图16）

图 14

图 15

图 16

13.猛虎出洞

右脚下落于左脚前一步，两腿成右弓步；同时右掌向前，微屈肘抢出，掌心斜向上，左拳架于头上方，上体向前倾斜；目视右掌。（图17）

14.溅步地趟

以左脚为轴，抬右脚向左转身（270度）跳步，右脚落地后抬左脚向右微提膝；同时右掌变拳，左拳变掌，在胸前相击；目视前方。（图18）

接上势，左脚向右落一步，上身向左俯地；右拳变掌，两掌按于胸前；目视右侧。（图19）

图 17

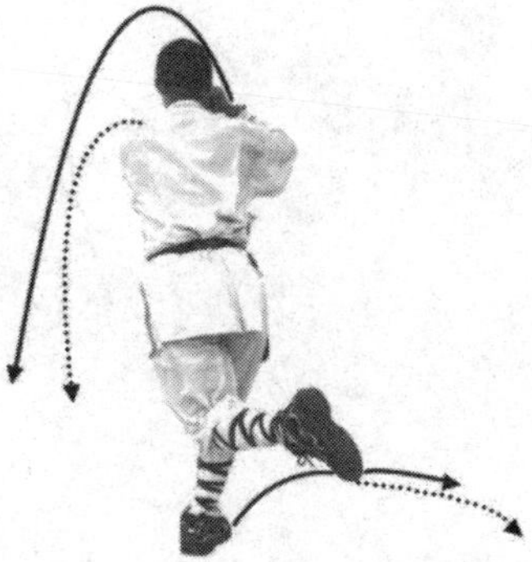

图 18

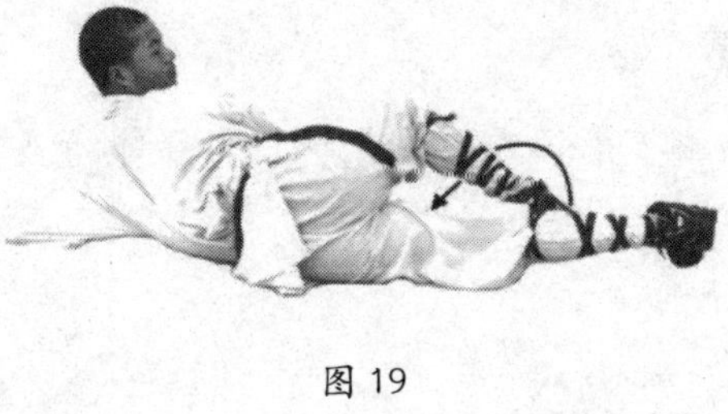

图 19

15.地溜剪势

接上势，右脚向内屈膝跺地（响亮）。（图20）

接上势，抬右腿向右后方拨，两腿成交剪势，目视右脚。（图21）

16.地踹腿

左脚不动，抬右脚向右上方踹；目视右脚。（图22）

图 20

图 21

图 22

17.勒马冲拳

接上势，右脚下落于左脚左前方；两手推地支撑，上体左转90度；目视左侧。（图23）

接上势，起身，以两脚为轴，向左转体180度，两腿成左弓步；同时左掌由前向后勒把，然后变拳抱于腰间，右掌变拳，向前冲击；目视右拳。（图24）

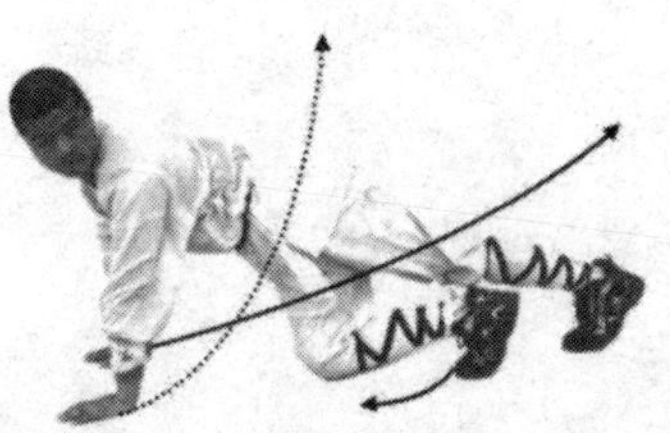

图 23

图 24

18.雷公飞天

先抬左脚，后抬右脚，向右转身（360度）跳步，转身后左脚在前，右脚在后，两腿半蹲；同时两拳变掌，由上向外再由外向腹前下方合击（响亮）；目视两掌。（图25）

19.金鸡独立

两脚不动，蹲步不变，两掌由左向右翻腕，两掌成叉手，左手在上，两掌心相对。（图26）

接上势，右脚不动，抬左腿向前提膝；同时左掌向左下方劈按，右掌架于头上右侧；目视前方。（图27）

20.撩阴脚

右脚不动，抬左腿向前弹踢；右掌上举；目视左脚。（图28）

图 25

图 26

图 27

图 28

21.采　脚

左脚下落于右脚前一步，以两脚为轴，向右转体180度，抬右腿向前向上弹踢；同时右掌向前拍击右脚面，左掌变拳抱于腰间；目视右掌。（图29）

22.黑虎跳涧

右脚下落于左脚内侧，速抬左脚向前跳一步，左脚落地变成左仆步（上体右转90度）；同时左拳变掌，向胸前下方按地，右臂向左屈肘，右掌护于左肩前；目视左侧。（图30）

图 29

图 30

23.单峰贯耳

起身，向左转体90度，两腿成左弓步；同时右掌变拳，与左掌在胸前屈肘相击（响亮）；目视两手。（图31）

图 31

24.五花起脚

抬右脚向左转身（90度）跳步，当右脚落地后速抬左脚向后屈膝提起；同时右拳变掌，向后拍击左脚跟（响亮），左臂向内屈肘，于胸前亮掌；目视右掌。（图32）

接上势，向左转体90度，左脚不落地，抬右腿向前向上弹踢；当全身腾空时，出右掌向前拍击右脚面（响亮），左掌变拳抱于腰间；目视右掌。（图33）

接上势，左脚落地后，右腿微沉，快速向右摆弹；同时左拳变掌，两掌斜向上方伸展，掌心向下，目视前方。（图34）

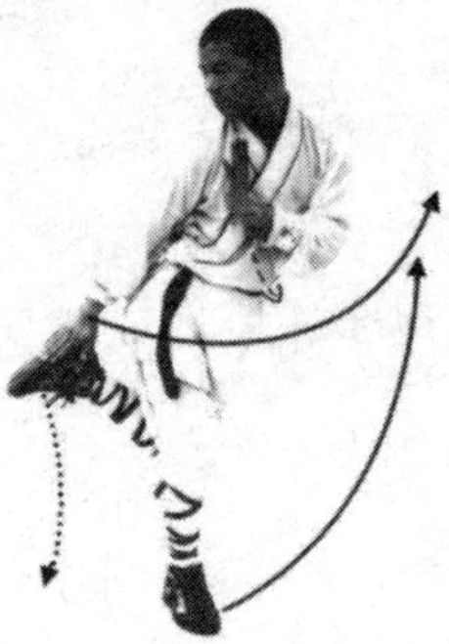

图 32

图 33

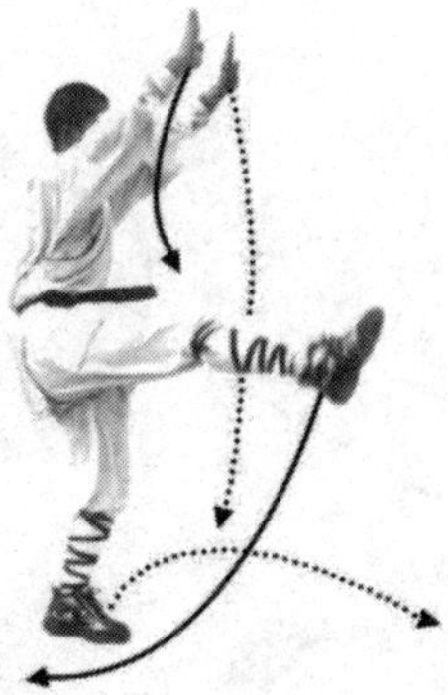

图 34

25.鹞子翻身

右脚下落于左脚内侧，速抬左脚向前跳一步，向右转体90度，两腿成左仆步；同时左掌随身向胸前下方按地，右臂向内屈肘，右掌护于左肩前；目视左侧。（图35）

26.二起脚

起身，向左转体90度，右脚向前上一步，抬左脚，再抬右脚向前向上跳起；当全身腾空时，出右掌向前拍击右脚面（响亮），左掌变拳抱于腰间；目视右掌。（图36）

27.坐山势

右脚下落后震脚（响亮），抬左脚向左跳一步，向右转体90度，两腿成马步；同时右掌变拳，右拳向左、左拳向右画弧；然后左拳由右向左下栽于左膝上，右拳架于头上前方；目视左侧。（图37）

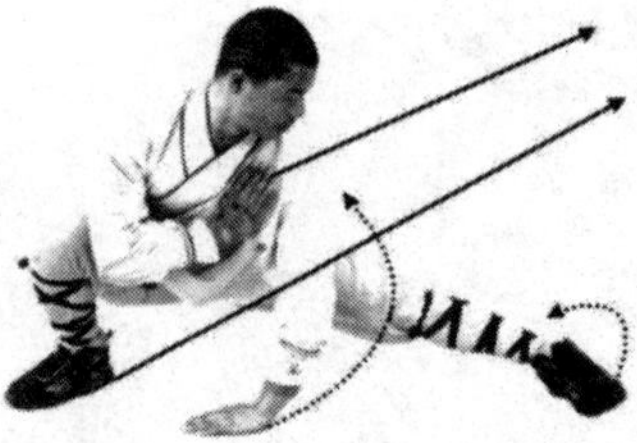

图 35

图 36

图 37

收　势

收左脚与右脚成并步；同时两拳变掌，左掌由下向上再往下画弧，右掌由上往下画弧，然后两臂下垂，两掌附大腿外侧；目视前方。

少林小梅花拳

动作名称

预备势

1.立势垂拳

2.上步拍脚

3.弓步上架拳

4.虚步上架拳

5.马步侧冲拳

6.转身仆步砸拳

7.仆地前扫

8.纵步飞脚

9.仆步砸拳

10.弓步冲拳

11.仆地后扫

12.纵步飞脚

13.弓步上架拳

14.弓步上冲拳

15.仆步砸拳

16.仰卧震脚

17.俯撑弹腿

18.弓步冲拳

19.弓步搂手

20.转身击掌

21.提膝上架拳

22.斜飞脚

23.弓步双推掌

24.转身飞脚

25.仆步砸拳

26.马步扳掌

27.虚步上冲拳

28.纵步飞脚

29.马步坐山

收　势

动作图解

预备势

两腿并拢立正；两手握拳，抱于腰间，拳心向上，身体挺直；目视前方。（图1）

1.立势垂拳

左脚左移半步；两拳下垂于两胯侧，拳心向后；目视前方。（图2）

左脚踬地，右脚后移半步，向左转体90度，顺势左脚向左后方略收，脚尖点地成左虚步；同时两拳上挑，屈肘夹肋，收回胸前，拳心向里；目视两拳。（图3）

图 1　　图 2　　图 3

2.上步拍脚

左脚垫步前上一步，重心前移，顺势右腿向前上方弹踢，脚面绷直；同时右拳变掌向前拍击右脚面（响亮），左拳收回抱于腰间；目视右掌。（图4）

3.弓步上架拳

右脚下落，接近左脚，顺势再向前一步，屈膝成右弓步；右掌变拳向外向上画弧架于头上前方，拳心向前，左拳由后向上向前冲击；目视左拳。（图5）

图 4

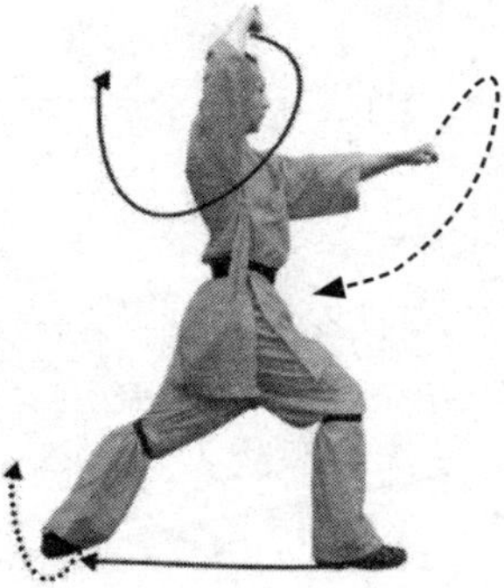

图 5

4.虚步上架拳

右脚后撤，落于左脚后一步，向右转体90度，左脚移于右脚内侧成左虚步；两拳变掌，右掌向外向上架于头前上方，掌心向上，掌指向左，左掌向上向右画弧后向左下方斜劈，落于左腿外侧，掌心向里，掌指向下；目视左侧。（图6）

5.马步侧冲拳

左脚向右后方撤一步，向左转体180度，两腿屈膝成马步；同时两掌变拳在胸前会合，然后向体侧击出，拳心向下；目视前方。（图7）

图 6

图 7

6.转身仆步砸拳

右脚向左移一步，左脚向右跨一步，两腿同时动作，于空中剪腿，向右转体180度；两拳向下画弧，右掌落于腹前，左拳抱于腰间；目视前方。（图8）

右脚向右跨一步，左腿全蹲成右仆步；同时右拳下砸于裆前，左拳抱于腰间；目视右侧。（图9）

图 8

图 9

7.仆地前扫

左脚为轴，两拳变掌按地，右腿伸直，经前向左后方施扫一

周；目视右侧。（图10）

8.纵步飞脚

起身，先抬左脚，落地后速抬右腿向前上方弹踢，向左转体180度；当二起脚腾空时，右脚面绷直；两掌向前拍击右脚面；目视右脚。（图11）

图 10

图 11

9.仆步砸拳

右脚落于左脚后一步，向右转体180度，左腿伸直，右腿全蹲成左仆步；右掌变拳抱于腰侧，左拳由上向下砸，落于裆前；目视左侧。（图12）

图 12

10.弓步冲拳

起身，向左转体90度，左腿屈膝，右腿蹬直成左弓步；同时右拳由后向前平肩冲出，拳心向下，左拳变掌，向后反击，左臂伸直，略低于肩，掌心向上，上体前倾；目视右拳。（图13）

11.仆地后扫

向右转体90度，右腿全蹲，左腿仆地；同时两掌按地；接着以右脚为轴，左腿向后扫一周；眼随腿走。（图14）

12.纵步飞脚

起身，向左转体90度，左脚上摆，顺势右腿向前上方弹踢，二起脚腾空，右脚面绷直；两掌向前拍击右脚面；目视右脚。（图15）

13.弓步上架拳

右脚落于左脚前，顺势前上一步，屈膝成右弓步；左掌变拳向

后上方画弧，架于头前上方；右掌由胸左侧向右下方扳击，置于右膝上，掌心斜向前，掌指斜向下；目视前方。（图16）

图 13

图 14

图 15

图 16

14.弓步上冲拳

左脚前上一步，左腿屈膝，右腿蹬直成左弓步；右掌回胸前变拳，两臂同时屈肘，两拳向上冲击，两拳心相对；目视两拳。（图17）

15.仆步砸拳

两脚踝地，向右转体90度，右脚跳于左脚处，顺势左腿向左穿出伸直，右腿全蹲成左仆步；同时左拳下砸于裆前，右拳抱于腰间；目视左侧。（图18）

图 17

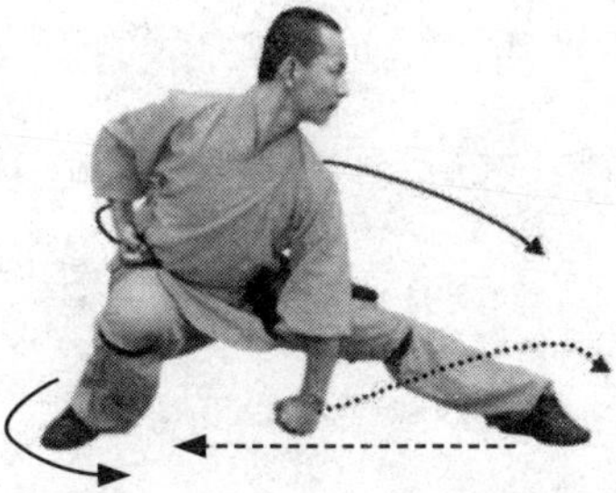

图 18

16.仰卧震脚

右腿蹬地，重心左移，向右转体90度，顺势坐于地上；两拳变掌随势绕弧后摆，按地支撑；接着左脚迅速前蹬伸直，右腿向左摆踢，置于左膝外侧震脚（响亮）；目视前方。（图19）

17.俯撑弹腿

右掌经前向左摆，顺势向左转体180度，右腿伸直，脚尖点地支撑；两掌撑地，两臂伸直俯撑；同时左腿略屈，再顺势向后上方蹬出，头向左转；目视左侧。（图20）

图 19

图 20

18.弓步冲拳

两臂用力推地，左腿前摆起身，向右转体180度，右脚前上一步，屈膝成右弓步；两掌变拳，右拳由后掠回，再向前冲击，拳心向下，高与肩平，左拳收回抱于腰间；目视右拳。（图21）

19.弓步搂手

两脚蹍地，向左转体180度，右脚前上一步，左腿蹬直成右弓步；左拳变掌由右向怀中搂，接着成爪前抓，右拳向内收抱于腰间；目视前方。（图22）

图 21

图 22

20.转身击掌

左脚前跳一步，落于右脚前，同时右脚前上一步落于左脚前，两脚垫步向前，向左转体90度；两拳抱于腰间。（图23）

接上势，右脚左移与左脚并步，向右转体90度，屈膝略蹲；同时两拳变掌，向胸前会合击掌，顺势前穿，掌心相对；目视前方。（图24）

图 23

图 24

21.提膝上架拳

重心右移，右腿支撑，左腿提膝成独立势；右掌经外向上画弧上冲，架于头前上方，掌心向前，左臂屈肘，左掌置于胸前，掌心向下；上体随势左转45度，头向左转；目视左侧。（图25）

22.斜飞脚

左脚向后落下，向左转体180度，右脚前上垫步，顺势起左脚，向前向上方弹踢，脚面绷直；右掌向前拍击左脚面，左臂外展；目

视右掌。（图26）

图 25

图 26

两脚落地，左跳一步，向右转体90度，右腿顺势向右穿出伸直，左腿全蹲成右仆步；两掌变拳，左拳下砸，右拳抱于腰间；目视右侧。（图27）

图 27

23.弓步双推掌

起身，向右转体90度，左脚向右脚前上一步，再抬右脚向前一步，两脚垫步向前，成右弓步；同时两拳变掌，从胸两侧上绕向前推出，高与肩平，掌心向前，掌指向上；目视前方。（图28）

24.转身飞脚

两脚踞地，向左转体180度，重心前移，右腿前摆，顺势左腿向前上方弹踢，二起脚腾空，脚面绷直；右掌向前拍击左脚面，左臂外展；目视右掌。（图29）

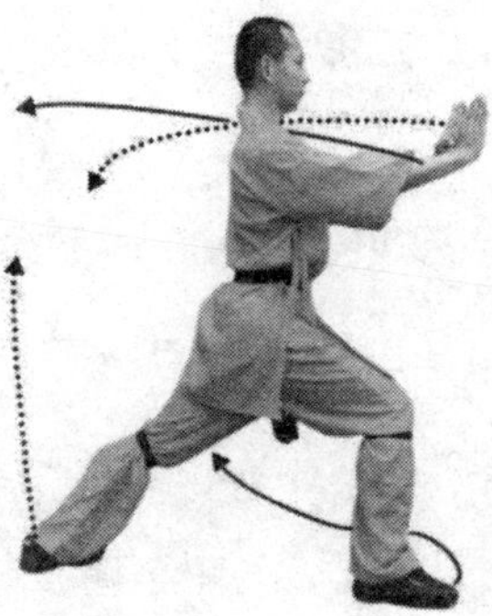

图 28

图 29

25.仆步砸拳

两脚下落，左脚前跨一步，向右转体90度，重心左移，身体下蹲，右腿向右穿出伸直，成右仆步；两掌变拳，然后收抱于腰间；目视右侧。（图30）

26.马步扳掌

起身，重心右移，左脚右摆，右腿左移，跳起，向右转体180度，落地，两腿屈膝成马步；两臂屈肘，两拳变掌向外下方摆击，掌心斜向上，掌指斜向外；目视前方。（图31）

图 30

图 31

27.虚步上冲拳

向左转体90度，左脚后收，脚尖点地成左虚步；右掌变拳，屈肘上冲，高与颌平，拳心向内，左掌变拳由胸左侧向胸前横穿，抱于右肘部，拳心向内；目视右拳。（图32）

28.纵步飞脚

左脚上摆，起右腿向前上方弹踢，二起脚腾空，脚面绷直；右拳变掌向前拍击右脚面，左拳外掠，抱于腰间；目视右掌。（图33）

图 32

图 33

29.马步坐山

两脚落地，向右转体90度，两脚向左跳一步，两腿屈膝成马步；左拳变掌，两掌相对环劈后变拳，右拳架于头前上方，拳心向前，左拳下栽于左膝上，拳心向后；目视左侧。（图34）

收 势

收左脚与右脚并拢立正；右拳下落，两拳收抱于腰间，拳心向上，抬头挺胸；目视前方。（图35）

图 34

图 35

少林大梅花拳

动作名称

预备势
1.虚步双开门
2.内泼脚外拨拳
3.马步左冲拳
4.童子拜佛
5.猛虎出洞
6.收步束身
7.鹞子入林
8.左弹腿弓步冲拳
9.金鸡独立
10.转身仆步
11.弓步冲拳
12.弹腿冲拳
13.弓步冲拳
14.马步左架打
15.马步右架打
16.外摆脚
17.跨虎肘
18.提手炮
19.弓步冲拳
20.劈腿束身
21.转身斜飞掌
22.左斜飞掌
23.卧　枕
24.独立推掌
25.蹲桩砸拳
26.马步左架打
27.马步右架打
28.右斜飞掌
29.左斜飞掌
30.后扫腿
31.马步双分掌
32.连三掌
33.旋风脚
34.回头望月
35.二起脚白鹤亮掌
36.跳步束身
37.左丁步束身
38.提鞋后蹬腿
39.猛虎出洞
40.原地拐肘
41.转身反背拳
42.退步架打
43.退步右架打
44.退步左架打
45.上步双分掌
46.卧地炮
47.转身卧地炮
48.冲天炮
49.卧　枕
50.盘腿里扫
51.马步下栽捶
52.转身仆步
53.马步右冲拳
54.五花坐山
收　势

动作图解

预备势

两腿立正；两手握拳，抱于腰间，拳心向上，两肩自然放松，挺胸抬头；目视前方。（图1）

1.虚步双开门

右脚右跨半步；两拳变掌，顺势下伸，于腹前交叉，右外左内，挺胸塌腰；目视前方。（图2）

两掌同时上抬，于胸前分开，经体侧绕弧向外推出，高与肩平，掌心向外；同时，左脚前上半步，脚尖点地成左虚步；头向左转，目视左侧。（图3）

图 1　　图 2　　图 3

2.内泼脚外拨拳

左脚踏实，重心移向左腿，顺势抬右脚向左，置于左前方，成叉步；两掌变拳，同时向下绕弧收回腰间；头向左转，目视左侧。（图4）

3.马步左冲拳

左脚向左跨步，屈膝下蹲成马步；同时，左拳由腰间向左侧击出，拳心向下，右拳抱于腰间；目视左拳。（图5）

4.童子拜佛

上体右转90度，同时左脚右上一步成歇步；两拳变掌由胸前向左右两侧分开，收于胸前，右掌向前推出，左掌护于右小臂；目视前方。（图6）

图 4

图 5

图 6

5.猛虎出洞

起身，原地震右脚，上左脚成左弓步；同时，两掌变拳由腰间向头顶和前方冲击；目视前方。（图7）

6.收步束身

身体右转180度，同时收右脚，成右虚步；两拳收于胸前，右拳在前，左拳在后，拳心向内；目视前方。（图8）

图 7

图 8

7.鹞子入林

右脚向前探出一步，左腿屈膝下蹲，右腿挺膝伸直，上体左转90度成右仆步，右脚内扣；左拳变掌抱右拳于胸前；目视右前下方。（图9）

图 9

重心右移，右腿屈膝前弓，左腿挺膝伸直成右弓步；左掌抱右拳由胸前向右侧用力顶出，成右弓步顶肘；目视前方。（图10）

图 10

8.左弹腿弓步冲拳

左腿屈膝提起，向前弹踢，脚面绷直，右腿挺膝直立；左掌抱右拳，向右下方掠，置于右肋侧；目视前方。（图11）

左脚向前落下，屈膝前弓，右腿挺膝蹬直，成左弓步；同时，右拳由腰间向前冲击，左掌向左搂，收回腰间；目视右拳。（图12）

图 11

图 12

9.金鸡独立

图 13

右脚前上一步，震右脚，左腿顺势屈膝提起，脚尖绷直内扣，向右转体90度；同时，右拳由前向右上方绕环落于腰侧，再向上绷架，拳心向前，左掌变拳经前向上绕弧落于左膝上，拳心向左；目视前方。（图13）

10.转身仆步

左脚原地落下，提起右脚跳步，向右转身180度，左腿随势左伸，脚尖内扣，右腿屈膝下蹲，左腿挺膝伸直，成左仆步；同时两拳变掌随体转下压，左掌收于腹前，右掌落于左膝前，掌心向里；目视左下方。（图14）

图 14

11.弓步冲拳

重心左移，起身左腿屈膝前弓，右腿挺膝伸直后蹬，成左弓步；同时，两掌变拳，左拳前搂收于腰间，右拳由腰间向前冲出；目视前方。（图15）

12.弹腿冲拳

右腿提膝弹出，脚面绷直，左腿挺膝直立；同时，右拳收于腰间，左拳冲出；目视前方。（图16）

图 15

图 16

13.弓步冲拳

右腿落下，左腿屈膝前弓，右腿蹬直成左弓步；同时，左拳收于腰间，右拳冲出，成左弓步右冲拳；目视前方。（图17）

14.马步左架打

接上势，右拳外缠回拉；同时，右脚向前一步，向左转体90度，变马步右冲拳；左拳由腰间向上架于头上方，成马步左架打；

目视右侧。（图18）

15.马步右架打

右拳外缠拉回腰间；同时左脚向前一步，向右转体180度，变马步；左拳由上经腰间向左冲出，右拳由腰间向上架于头上方，成马步右架打；目视左侧。（图19）

图 17

图 18

图 19

16.外摆脚

两拳变掌落于腰间，掌心向上成阳手；同时左脚提起向右侧跳起，右腿顺势外摆，向右转体180度；两掌由阳手变阴手，击右脚面；眼随掌走。（图20）

17.跨虎肘

右脚向右侧落下，左脚随之点地靠于右脚内侧，成左丁字步；同时两掌变拳，右拳从左由下向右上方画弧架于头上前方，拳心向前，左拳随之从左向右上方画弧落于右膝上部，两拳眼相对，成跨虎势；目视左侧。（图21）

图 20

图 21

18.提手炮

左脚向左跨步，向左转体90度，屈膝成左弓步；左拳变掌向前伸出，右拳向下由右画弧落于胸前，拳背击打左掌心；目视前方。（图22）

两脚向左跨步跳起，两手由左向右上方画弧，眼随手走，两脚落地，右腿屈膝下蹲，左腿挺膝伸直，脚尖内扣；右拳收于腰间，左掌按于左脚前，掌心向下，成仆步切掌势；目视左侧。（图23）

图 22

图 23

19.弓步冲拳

起身，重心前移，左腿屈膝前弓，右腿挺膝蹬直，成左弓步；同时，左掌前搂收于腰间，右拳向前冲拳，成左弓步右冲拳；目视右拳。（图24）

20.劈腿束身

右臂屈肘贴于右肋，拳心向上；同时，右腿挺膝伸直勾脚尖，向前向上踢；目视前方。（图25）

右脚向前落下，同时向右转体180度，右腿屈膝下蹲，左脚尖点起，成左虚步；两拳变掌随体转由左右两侧向上画弧落于胸前，右掌在内，左掌在外，两掌心向外；目视前方。（图26）

21.转身斜飞掌

向右转体180度，顺势右脚向前跨步，屈膝前弓，左腿挺膝伸直，成右弓步；同时，右掌随身向前斩出，掌心斜向上，成右弓步右斩手，左掌变拳抱于腰间；目视前方。（图27）

图 24

图 25

图 26

图 27

22.左斜飞掌

左脚上前一步，成左弓步；同时右掌变拳收于腰间，左拳变掌由腰部向前斩出，掌心斜向上，成左弓步左斩手；目视前方。（图28）

图 28

23.卧　枕

右脚前上一步，身体重心向右移，向左转体90度，成右弓步；左掌由前收回经胸前向上画弧，下拉于裆部，掌心向内，右拳从腰间随左掌向左上方画弧，屈肘收于胸前，肘贴右肋，拳心向内，头向右倾卧枕；目视左侧。（图29、图30）

图 29

图 30

24.独立推掌

向左转体90度，左腿屈膝提起，脚面绷直，扣于右膝间，右腿挺膝独立；同时，左掌变拳由下向前搂手，收于腰间，右拳变掌由胸部向前直推；目视前方。（图31）

25.蹲桩砸拳

左脚前落，右脚随之与左脚并拢震脚，两腿屈膝下蹲；腰挺直；同时，右掌变拳，左拳变掌，右拳直接下砸左掌心，落于两膝前，成蹲桩砸拳，目视前方。（图32）

图 31

图 32

26.马步左架打

右脚上前一步，向左转体90度，成马步；同时，左掌变拳由下向上架，右拳从腰间向右冲出，成马步左架打；目视右侧。（图33）

图 33

27.马步右架打

右拳外缠向回拉，再向上架；同时，左脚上步，向右转体180度，成马步；左拳落下由腰间向左冲出，成马步右架打；目视左侧。（图34）

28.右斜飞掌

左拳变掌经胸部向右搂手收于腰间；同时，提右脚垫步变右弓步，向右转体90度；右拳落下由腰部向前斩掌，掌心斜向上；目视右掌。（图35）

图 34

图 35

29.左斜飞掌

左脚向前一步，成左弓步；同时右掌变拳收于腰间，左掌由腰部向前斩出，掌心斜向上，成左弓步左斩掌；目视左掌。（图36）

图 36

30.后扫腿

重心前移，上体稍向左转；同时右拳变掌，两掌下落，左腿屈膝下蹲，右腿挺膝伸直；目随手走。（图37）

两掌扶地由左向右转体一周；同时，右腿挺膝伸直随体转，前脚掌着地画弧一周；目视动作方向。（图38）

图 37

图 38

31.马步双分掌

起身右转变马步；两掌由胸前向左右两侧分开；目视前方。（图39）

32.连三掌

右转身变成右弓步；左掌端于腰间，右掌从腰间向前推掌；目视右掌。（图40）

图 39

图 40

原步法不变；右掌回收腰间，左掌从腰间向前推出；目视左掌。（图41）

原步法不变；左掌回收腰间，右掌从腰间向前推出；目视右掌。（图42）

图 41

图 42

33.旋风脚

左脚抬起，向左转体180度，同时右脚由下向左上随体转里合画弧，脚面绷直，脚掌内扣；左掌由腰间伸出，用掌心击打右前脚掌，右掌顺势后摆；目视左掌。（图43）

继续向左转体180度，右掌前摆收回，抱拳于腰间；目视左掌。（图44）

34.回头望月

右脚向前落步，屈膝前弓，左腿挺直，成右弓步；同时，右拳变掌，两掌由胸前向左下、右上两侧推出，左掌心向后，右掌心斜

向前；目视左侧。（图45）

图 43

图 44

图 45

35.二起脚白鹤亮掌

上右脚，提左脚，打右二起脚，右腿向前弹踢，脚面绷直；同时，左掌抱拳于腰间，右掌经腰间由阳手变阴手拍击脚面；目视右脚。（图46）

向右侧落脚，向右转体90度，右腿挺膝直立，同时左腿屈膝提

起，脚面绷直；左拳变掌，两掌由胸前向左右两侧抢出，两掌心朝上；目视前方。（图47）

图 46

图 47

36.跳步束身

左脚向右后落，右脚随之点起，靠于左脚内侧，向左转体90度；同时左掌变勾手落于左胯下，右掌由右向左收于左耳际，掌心向左；两腿屈膝下蹲，成右丁步束身；目视左侧。（图48）

图 48

37.左丁步束身

起身，右脚向右跨步，左脚跟上，脚尖点地，靠于右脚内侧，成左丁步束身；右掌落于右胯下，左掌收于右臂下；目视右侧。（图49）

38.提鞋后蹬腿

起身，站立，左腿向后蹬，右腿挺膝直立，身体前倾；目视左脚。（图50）

图 49

图 50

39.猛虎出洞

左脚落于右脚旁，同时提右脚震脚，左脚向前一步，屈膝前弓，右腿挺膝伸直，成左弓步；两掌变拳由腰间同时向两侧出击，两拳心相对；目视前方。（图51）

图 51

40.原地拐肘

左弓步不变，右臂屈肘前打，左拳变掌护于右肘上；目视前方。（图52）

41.转身反背拳

向右转体180度，右腿屈膝前弓，左腿挺膝伸直，成右弓步；同时，右肘由左向右再向前挺肘反背打出，拳心斜向上，左掌随右臂护于右肘；目视前方。（图53）

图 52

图 53

42.退步架打

左脚前上一步，向右转体90度，成马步；同时，左掌变拳由右下经左上画弧架于头上方，拳心向前，右拳经腰间向右冲出，拳心向下；目视右拳。（图54）

43.退步右架打

右拳外缠回拉架于头上方；同时，右腿向左后退步，向右转体180度，成马步；左拳经腰间向左击出；目视左拳。（图55）

图 54

图 55

44.退步左架打

左拳外缠回拉架于头上方；同时，左腿向右后退步，向左转体180度，成马步；右拳经腰间向右击出；目视右拳。（图56）

45.上步双分掌

左脚向右侧上一步，向右转体180度，两腿屈膝成马步；同时两拳变掌，落于胸前，再由胸前向左右两侧立掌推出；目视左掌。

（图57）

图 56

图 57

46.卧地炮

右脚内收与左脚并拢震脚，向左转体90度，顺势屈膝下蹲；同时两掌变拳，左拳由左向右搂手收于膝前，拳心向内，右拳经腰间向下直打，拳心向内；目视前方。（图58）

47.转身卧地炮

起身，向右转体180度；同时右拳向前搂，经腰间回拉，左拳随右拳前搂回拉；上右步震脚，与左脚并拢，屈膝蹲下；右拳从腰间向下直打，拳心向内；左臂屈肘落于两膝前，拳心向内；目视前方。（图59）

48.冲天炮

起身，原地震右脚；同时右臂屈肘由下向上经胸部向上冲拳，平置于下颌前，拳心向内，左拳护于右肘下；两腿挺膝直立；目视

前方。（图60）

49.卧　枕

右脚向右后退一步，向左转体90度，左脚顺势向左跨一步，左腿屈膝前弓，右腿挺膝伸直，成左弓步；同时，左拳由胸前向左侧上方画弧，左臂屈肘贴于左肋，左拳上冲，拳心向内，右拳由右向左画弧经胸前向下拉，收于裆部，掌心向内；目视右侧。（图61）

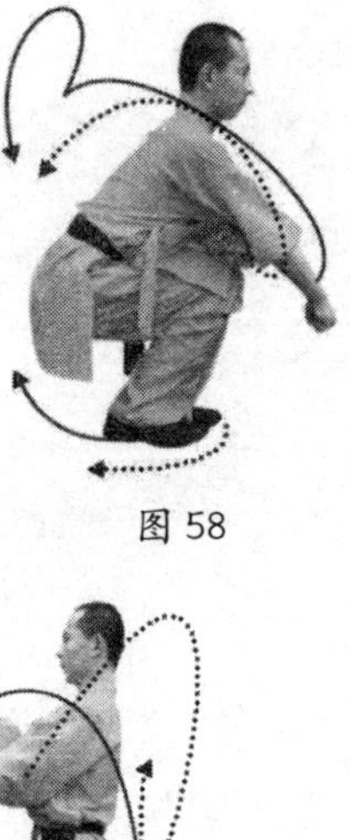

图 58

图 59

图 60

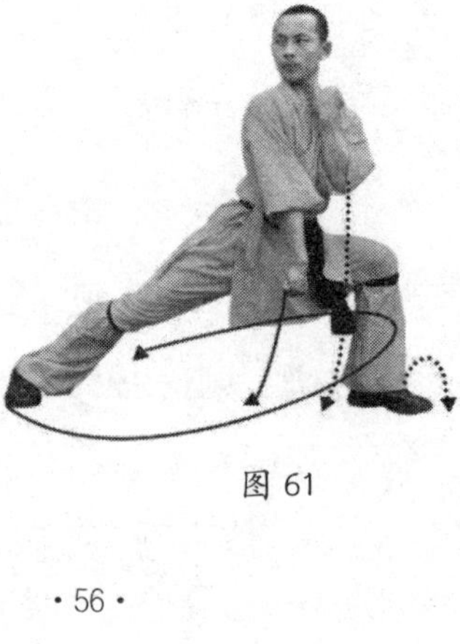

图 61

50.盘腿里扫

身体下蹲成右仆步，以左脚为轴，两拳变掌按于左脚前方；右脚经左脚由右向左扫一周，同时左脚抬起落回原位；目视左侧。（图62）

51.马步下栽捶

起身，右脚内收，两腿屈膝成马步；两掌变拳，右拳由胸前屈肘向下，直击于裆部，拳心向内，左拳由下向上屈肘收于左肋前，拳心向内；目视前方。（图63）

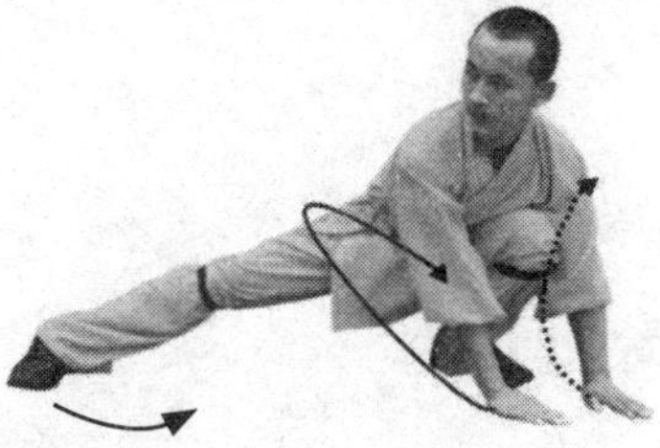

图 62

图 63

52.转身仆步

提右脚，跳步右转身，右腿屈膝下蹲，左腿挺膝伸直，脚尖内扣，成左仆步；同时，两拳随体转向由胸前右下压，左拳落于左膝前，右拳收于腰间；目视左拳。（图64）

53.马步右冲拳

起身，向左转体180度，右腿经前向左上一步，成马步；同时，左拳左搂收于腰间，随之右拳由腰间向右击出，成马步右冲拳；目视右拳。（图65）

图 64

图 65

54.五花坐山

右脚向左上步，同时左脚跳起向左跨步，成马步；右拳由右经头顶向左画弧一周，架于头上方，左拳由腰侧向上再向下收于左膝上，拳心向后；目视左侧。（图66）

图 66

收　势

起身，左脚与右脚并拢，身体挺直；两拳变掌，两臂自然下垂；目视前方。